Nicor Start

Ich fühle mich so aufgeräumt!

Das 15 Minuten Projekt

Inhaltsverzeichnis

Vorwort

Wer suchet, der findet?

Wer aufräumt, ist nur zu faul zum Suchen?

Ein wahres Genie beherrscht das Chaos.

Blöde Sprüche zum Thema Aufräumen sind schnell gefunden.

Schuld am Chaos sind Sammelwut und das Bedürfnis, etwas zu bewahren.

Wenn Sie wollen, können Sie täglich 24 Stunden shoppen. On- und Offline. Als Käufer sind sie so attraktiv, dass sie außerdem mit Proben und Gutscheinen in Zeitungen, Geschäften, Verkaufsständen und Mails versorgt werden. Häufig lassen wir uns verführen. Und besitzen immer mehr Dinge, über die wir irgendwann den Überblick verlieren. Zum Trost kaufen wir uns dann Neues. Der Stress wächst dabei im gleichen Verhältnis, wie die Orientierung sinkt. Ist der Leidensdruck groß, kaufen Sie sich eventuell ein Buch zum Thema „Ausmisten“.

Sollte es ihnen gerade genauso gehen, sind wir froh, dass Sie zu unserem Buch gegriffen haben.

Wir laden Sie ein, uns während der nächsten vier Wochen über die Schulter zu schauen. Wir zeigen Ihnen, wie es uns mit Spaß und einfachen Maßnahmen gelungen ist, das vorhandene Chaos zu bewältigen.

Zusätzlich stellen wir Ihnen Maßnahmen vor, mit denen Sie zukünftig den Überblick behalten. Garantiert, denn wir haben sie selbst durchgeführt und das Ergebnis ist nachhaltig.

Mein Name ist Murksi. Ich gebe gern Antworten auf Fragen, die niemand gestellt hat. Wer das Buch liest, wird sich und MICH besser kennen lernen.

Bis später !

Projektbeschreibung

Seit Wochen habe ich das Gefühl, den Überblick zu verlieren. Anstatt eine wilde Wegwerf-Aktion zu starten, will ich diesmal planvoll vorgehen.

Es soll kein Wochenende mehr geben, an dem ich wild alles Überflüssige wegwerfe.

Ich will keine phantasievollen Gründe mehr finden, warum irgendetwas weiter im Schrank herum gammelt.

Ich werde ab morgen täglich 15 Minuten Zeit ins Ausmisten investieren. Dazu teile ich die einzelnen Zimmer in kleine Bereiche ein. Welche das bei mir sind, sehen Sie in den einzelnen Kapiteln. Begleiten Sie mich bei meinem Projekt und lassen Sie sich zu einem eigenen inspirieren.

WORKBOOK
MIT
INSIDERTIPPS

Projekttag eins

Zum Projektstart habe ich mir einen sehr überschaubaren Bereich ausgesucht. Meinen Spiegelschrank. Er quillt über vor Pröbchen, Haarspangen, Cremes und Co. In 15 Minuten sollte ich die beiden oberen Regale in einen nutzbaren Zustand bringen können.

17.41 Uhr - Bewaffnet mit einer kleinen gelben Tüte, einer Stoppuhr und dem festen Willen eines Inquisitors betrete ich euphorisch das Badezimmer. Großzügig entsorge ich mit geringschätzigem Blick 16 Proben, die ich zuvor aus diversen Zeitungen zusammengetragen habe. Eine Cremedose und drei Tuben, deren Verfalldatum kurz nach der Jahrtausendwende lag, folgen. Nie genutztes Make up und zwei Lippenstifte (außer an meiner Hochzeit vor zehn Jahren habe ich noch nie einen benutzt), finden ebenfalls den Weg in die Tüte. Im Regal übrig bleiben schließlich drei Cremes und vier Schminkutensilien. Alle sieben Dinge strahlen mir nun entgegen.

Ist Wegwerfen für immer? Man könnte doch vielleicht irgendwo ein kleines Zwischenlager einrichten oder einfach einen größeren Schrank kaufen. Außerdem werfe ich Opa ja auch nicht weg, nur weil er schon so alt ist.

17.47 Uhr - Zeit für Regal 2: Alle intakten Haarspangen, -bänder und -gummis dürfen bleiben, kommen aber in drei kleine Becher. Das wirkt viel übersichtlicher. Karnevalsschminke und Ohrringe werden außerdem an sinnvolle Plätze verfrachtet.

17.51 Uhr - SCHON FERTIG!

Das Ergebnis ist eine gelbe, prall volle Mülltüte. Die stimmt mich genauso froh wie die übrig gebliebenen Artikel in meinem Schrank. Dazu gehört eine wiederentdeckte, noch haltbare und sehr gut riechende Nachtcreme. Die steht jetzt so prominent im Schrank, dass sie garantiert nicht mehr übersehen wird.

Die Erkenntnis der ersten Aufräumaktion ist: Es hat gerade mal zehn Minuten gedauert, den kompletten Alibert aufzuräumen. Das Ausräumen hat dabei genauso viel Spaß gemacht, wie der Anblick des Ergebnisses.

Ordentlichkeit finde ich gut. Man weiß dann genau, dass im Zahnputzbecher die Haargummis und Spangen sind.

Projekttag zwei

Bereits am frühen Morgen des zweiten Tages kam mir meine Tagesaufgabe entgegen. Denn beim Öffnen meines Schuhschranks fiel mir ein Stiefel in die reflexartig geöffnete Hand. Statt ihn genervt zurück zu stellen, verstehe ich den Stiefelanschlag als Wink mit dem Zaunpfahl. Ich lasse ihn direkt mahnend vor der Schranktür stehen. Griffbereit für den Abend.

18.40 Uhr – Ich öffne den Schrank erneut. Diesmal, ohne dass mir etwas entgegen kommt. Trotzdem beschleicht mich das Gefühl, Einbrecher könnten hier mehr erbeuten als in unserem Wandtresor. Dabei stelle ich fest, dass ich drei Schuhregale nutze und mein Mann nur eineinhalb. Wenn man ganz genau hinsieht, nutze ich sogar drei dreiviertel Regale. Und habe doch das Gefühl, nie die passenden Schuhe zu tragen. Gleichzeitig gehöre ich zu den Menschen, die ein bequemes Paar Schuhe anziehen bis es von den Füßen fällt. Folglich sind bei mir alle Schuhe schwarz, blau oder braun. Überblick habe ich trotzdem keinen.

Also erst mal alle Schuhe raus. Mein erster Griff bringt Sneaker mit kaputtem Reißverschluss hervor. Kaputt bedeutet nutzlos, kann also weg. Das nächste Paar hat schon beim Kauf vor 5 Jahren nicht gepasst, kann also auch weg. Beim Anblick meiner Ballerina bemerkte ich schlagartig, dass es Oktober ist. Die Wahrscheinlichkeit, die Schuhe im nächsten halben Jahr zu tragen, geht also gegen Null.

Lösung: Kollektionswechsel!

Die Sommerschuhe wechseln mit den Wintervarianten den Platz in den riesigen, transparenten Vorratsdosen auf dem Speicher. Zwei Paar abgelaufene und ausgetretene Schuhe - für die längst Ersatz gekauft wurde- werden entsorgt.

18.55 Uhr - Aus dreieinhalb Schuhregalen wurden zweieinviertel. Kein Schuhpaar steht mehr gequetscht wie in der New Yorker U-Bahn. Alle stehen fein säuberlich nebeneinander. Das Sortieren nach Farben gibt mir zusätzlich besseren Überblick.

Bei diesem Anblick stelle ich fest, dass ich noch ein paar neue flache Schuhe brauche. Dafür aber weder Schwarze noch Braune oder Blaue mit Absatz.

Schon mal darüber nachgedacht, einfach ein Paar Schuhe zu kaufen, in denen man das ganze Jahr übergehen kann?

Projekttag drei

Eigentlich habe ich mir einen richtigen Aufräum-Plan gemacht. Alle Bereiche meiner Wohnung sind in kleine 15 Minuten-Häppchen aufgeteilt. Bisher habe ich mich aber nur am ersten Tag daran gehalten. Denn seitdem stolpere ich förmlich über die Chaos-Bereiche, die ich bisher nie wahrgenommen habe. Gestern Abend fiel mein Blick auf zwei Waschkörbe, die ich bereits vor Wochen in einer Ecke des Arbeitszimmers abgestellt habe. Darin befinden sich Dinge, die ich zusammen getragen habe, um sie zu verkaufen. Alles, was sich bei der Piggybank – einer Art permanentem Flohmarkt in einem Innenstadt-Gebäude – nicht verkaufen ließ, wartet in dieser Ecke auf meinen Einsatz. „Das perfekte Viertelstunden-Projekt!", denke ich und bin die nächste Stunde beschäftigt.

19.20 Uhr – Ich verfrachte die Körbe auf meinen Schreibtisch und beginne die Dinge nach „besser im Sommer zu verkaufen" und „besser im Winter zu verkaufen" und „gehört eigentlich in den Müll" zu sortieren. Der Sommerkorb kommt auf den Speicher. Der Winterkorb darf noch zwei Wochen bleiben und soll weiter bestückt werden, damit ich nochmal einen Verkaufsversuch starten kann.

Der Rest wird direkt entsorgt.

19.50 Uhr - Ein perfektes Tagesergebnis! Und weil mich das so froh stimmt, sortiere ich nun noch munter das Bücherregal um und räume die Fensterbank auf.

20.20 Uhr - Mit dem festen Plan alles auszusortieren und in spätestens drei Wochen zu Geld zu machen, beende ich das Tagesprojekt!

Projekttag vier

Nach dem Motto "Eigentlich wollte ich heute die Welt retten, aber es regnet", habe ich meinen vierten Projekttag wegen Müdigkeit auf den Morgen des fünften Projekttages verschoben. Die Ergebnisse ordne ich deshalb trotzdem dem vierten Projekttag zu. Direkt nach dem Aufstehen bin ich total motiviert. Zwei Aufräumeinheiten sollten heute kein Problem werden. Zunächst nehme ich mir meine Schmuckschublade vor.

8.40 Uhr - Vor lauter Ketten, Ohrringe und Uhren habe ich keinen Überblick mehr. Ketten, die ich längst vergessen habe, liegen unter Ketten, die mir noch nie gefielen. Seit Monaten trage ich ausschließlich die drei oberen.

Die ersten 10 Minuten gehen dafür drauf, alles zu entwirren. Mit obligatorischer Plastiktüte geht's ans Ausräumen und Wegwerfen. Drei Uhren, deren Batterien leer und Armbänder kaputt sind, landen im Müll. Genauso wie mehrere einzelne Ohrringe, bei denen der Zweite unauffindbar bleibt. Auch Ketten, die ich irgendwann geschenkt bekommen habe, aber noch nie schön fand, landen in einer Tüte. Dazu kommen diverse Schmuckteile die ich als" für Fasching" deklariert habe. Nach Kurzem ist eine halbe Tüte mit Dingen gepackt, die ich verkaufen möchte und eine kleine Tüte mit Müll.

Ich brauche gar keine Uhr, weil ich nämlich nie Zeit habe! Außerdem geht auch eine kaputte Uhr manchmal richtig (einmal am Tag).

9.00 Uhr - Mein Ergebnis nach 20 Minuten sind neben zwei Tüten eine aufgeräumte und nach Farben sortierte Schmuckschublade in der jetzt

- oh Wunder - die Auswahl viel größer scheint als vorher. Zusätzlich habe ich in der Schublade vier Euro Münzen gefunden und einen noch gültigen Gutschein von s.Oliver.

Projekttag fünf

Nun ist die Socken-, Strümpfe- und Strumpfhosen-Schublade dran.

13.10 Uhr Erste Maßnahme: Alle Socken erst mal raus aus der Schublade! Zweite Maßnahme: Sneakersocken, Sportsocken, Ballerinaspezialsocken und weitere Kuriositäten der Strumpfindustrie werden bis zum nächsten Sommer ausgelagert. (Ich spare mir hier Peeptoe-Strumpfhosen und Schlafsocken sowie Strümpfe mit Noppen und Stulpenstrümpfe zu erwähnen).

Nächste Maßnahme: Alle Socken, die aussehen, als wären sie bereits drei Jahre zu lange im Einsatz, landen in der Mülltüte. Nun kommen alle paarweise vorhandenen schwarzen Socken (mein Gott habe ich davon viele), in die eine Ecke. Bunte Strümpfe und Kuschelsocken wandern in die andere. Und alle Strumpfhosen bekommen eine kleine Kiste. Als letzte Maßnahme sortiere ich alle Strümpfe, von denen sich auch bei allerbestem Willen kein zweiter finden lässt, aus.

Huch, ich habe gar nicht gemerkt, dass fast eine Stunde vergangen ist. Vor mir sehe ich ein erstaunlich großes Sortiment schwarzer Strumpfhosen und Kuschelstrümpfe. (Davon brauche ich definitiv lange Zeit keine mehr. Auch nicht, wenn sie gerade günstig sind oder besonders flauschig.)

Mein Mann erhält außerdem zwei und meine Tochter ein Paar Strümpfe wieder, die versehentlich bei meinen gelandet sind. Für die neue Übersicht war diesmal nicht das Wegwerfen und Umräumen entscheidend, sondern das Sortieren in einzelne Bereiche. Ich werde mir zwei weitere Schuhkartons besorgen, in die ich die schwarzen und bunten Socken aufteile. Dann habe ich lange etwas von der "neuen Ordnung".

Ich erkenne meine Socken daran, dass bei der rechten links immer meine dicke Zeh rausschaut. Dann muss ich nur noch nach der linken suchen. Die hat oft rechts ein Loch.

Projekttag sechs

Es ist Samstag und das Tagesprojekt soll die Schreibtischschublade meiner Tochter werden. Schon bevor ich starte, habe ich das Gefühl, dass hier weit mehr Zeit investiert werden könnte.

11.20 Uhr - Der Schreibtisch besitzt eine Riesenschublade. Das bedeutet riesig viel Platz für ausgetrocknete Stifte, Buntpapierreste, Bleistiftreste, Postkarten, Aufkleber, Taschentücher und Co. Um Müll von Brauchbarem zu trennen und Ordnung in Haarspangen, Lineal, Malbücher und Co. zu bringen, vergeht eine halbe Stunde. Danach sieht die Schublade richtig gut aus. Und die daneben stehende halbvolle Mülltüte spornt zu weiteren Höchstleistungen an.

12.50 Uhr - Eine Kommode und fünf Spiel-, Verkleide- und Krimskramsschubladen sind entmüllt. Spiele und Bücher, die zwei Jahre ungesehen im Schrank standen und lagen, werden nicht mehr benötigt. Sie können also verkauft oder verschenkt werden. CDs landen wieder in den dafür vorgesehenen Hüllen. Das gibt auch einer noch nicht lesenden Tochter die Möglichkeit, selbst auszuwählen, was hörenswert ist. Auch bei den Puppenkleidern machen nur noch die Teile Sinn, die nicht komplett kaputt sind. Und in die Verkleidekiste gehören nur Dinge, die noch nutzbar weil intakt sind. Drei Mülltüten werden so beharrlich gefüllt. Zurück bleibt ein gut strukturiertes Zimmer und eine bestens gelaunte Mutter. Gefolgt von einer begeisterten Tochter, die direkt verloren Geglaubtes wieder entdeckt.

Projekttag sieben

Nachdem ich gestern sechs mal solange wie vorgesehen tätig war, hätte ich heute eine Pause verdient. Leider sieht mich der Zeitungsständer neben der Couch aber irgendwie so vorwurfsvoll an. Und viel Arbeit sind die paar Zeitungen ja auch nicht.

16.20 Uhr - Die Zeitungen sind in drei Minuten in "wird noch gelesen " und "kann weg " aufgeteilt. Alle, die ich noch lesen will, sehe ich mir nun genauer an. Einige haben Knicke an den besonders interessanten Artikeln. Diese recherchiere ich direkt online oder hefte relevante Einkaufs- und Reisetipps in einer Mappe ab.

17.20 Uhr - Huch, wie die Zeit beim Surfen vergangen ist. Dafür ist aber nun auch diese Ecke blitzblank. Das Wegwerfen lief dank der Knicke in den Heften problemlos. Durch diese Kennzeichnung mache ich mir selbst schon während des Lesens kenntlich, welche Artikel mir wichtig sind. Bei späterer Sichtung ist die Entscheidung für oder gegen ein Magazin dann einfacher. Wenn mir Artikel weiterhin attraktiv erscheinen, schneide ich sie aus. Das macht aus einem großen Heftstapel einen kleinen Zettelstapel. Auf meinem Schreibtisch werden diese Zettel dann nach "Geschenke", "Urlaub" und "Rezepte" in Fächer sortiert.

Erfahrung der ersten Woche –

Die Woche der Euphorie

In den ersten Tagen hab ich noch mit Stoppuhr aufgeräumt, um die Zeit im Blick zu behalten. Manchmal war ich froh, wenn die 15 Minuten herum waren. Manchmal hat mich nach 15 Minuten aber auch der Ehrgeiz gepackt. So wurden schnell 30 Minuten oder mehr daraus (beim Kinderzimmer). Damit sich ab sofort gar nicht mehr so viele Dinge ansammeln, habe ich einige Maßnahmen getroffen.

1. Ich habe ein „Keine Werbung“ - Schild an meinen Briefkasten angebracht. (Die Angebotsblättchen kann und will ich nicht mehr überblicken. Und die alibimäßig dazu gepackte Zeitung lässt sich längst online einsehen.)
2. Mit dem Aufräumprojekt betrachte ich meine eigenen vier Wände neu. Kleine Schmuddelecken werden nun sichtbar. Wie zum Beispiel die Zeitschriftenecke auf der Toilette. Nach meinem erfolgreichen Start im Bad mistete sich diese wie von selbst aus.
3. Je mehr ich ausmiste, desto weniger brauche ich. Jeden Tag werde ich radikaler. Nach dem Motto „Was mich monatelang nicht interessiert hat, kann nicht wirklich wichtig für mich sein.“

4. Weil meine Motivation an Arbeitstagen nicht immer gleich groß ist, nutze ich den “Flow” jeder Aufräumaktion, um zumindest gedanklich festzulegen, welcher Bereich am nächsten Tag fällig ist.

WISSENSWERTES

Schon mal drüber nachgedacht?

Manche Menschen halten Dinge fest, weil sie denken, sie könnten ein Stück der Vergangenheit in die Zukunft retten. Sie tun sich schwer damit, Dinge loszulassen, sich zu trennen. Dadurch sammelt sich manchmal ganz schön viel Ballast an, den die Leute mit sich herumtragen. Bei einigen sind es volle Alibertschränke, bei anderen reihen sich Partner aneinander wie Lippenstifte im Spiegelschrank. Und bei wieder anderen hängt das Gewicht an den Hüften. Anstatt die Schränke vollzustopfen, fressen sie lieber alles in sich hinein, weil sie die Vergangenheit einfach noch nicht aufgearbeitet haben.

Sie verbindet die Vorstellung, dass sie die Zeit wie in einem Rucksack verpackt mit sich herumtragen. Manchmal, weil sie besonders schöne Momente bewahren möchten. Viel öfters aber, weil Ihnen bedrückende Erfahrungen auf den Schultern lasten.

Dabei ist die Zeit ja kein Gut, dass wir aus einem Lager abrufen können, wenn wir sie brauchen. Die Vergangenheit spielt sich nur in unseren Köpfen ab. Und bei unseren Erinnerungen erfolgt dann viel Kosmetik an den Bildern, die in unseren Köpfen entstehen.

Viele Menschen denken, sie könnten Zeit sparen, um sie später abzurufen. Oder sie möchten schöne Augenblicke bewahren, um sie nie mehr zu verlieren. Stellen Sie sich vor, sie könnten gesparte Zeit auf ein Konto legen und es würde Zinsen bringen und Ihr Leben verlängern! Weil man aber Zeit nicht sehen kann, greifen Menschen gerne zu Hilfsmitteln zurück: Sie fangen an zu sammeln. Lippenstifte, Senftuben, Fotos, Reiseführer, Fahrscheine, Schmuckstücke, Banknoten (o.k., es gibt Schlimmeres), Steine oder Postkarten. Und ihre Sammlungen ergeben dann ein Stück Lebensgeschichte, die greifbar geworden ist. Es sind eher die „Kostproben des Lebens" als die Schminkproben im Schrank, um die es geht.

Unser Leben findet aber „just in time" statt: Ei**n Leben auf Raten ist genauso wenig möglich wie die Uhr anzuhalten, um Zeit zu sparen.** Alles, was für uns wirklich relevant ist, passiert Hier und Jetzt. Damit wir uns nicht falsch verstehen: Schöne Erinnerungen an die Vergangenheit, kraftvolle Bilder und belebende Gefühle sind eine große Lebensquelle. Sie können mehr Jungbrunnen sein als jede Kosmetik. Wer seine Lebensenergie aber vor allen Dingen aus der Erinnerung zieht, der verpasst womöglich die Lebendigkeit des Augenblickes. Das gilt auch für Erinnerungen, die uns belasten. Was zurückliegt, können wir nicht mehr ändern. Immerhin könnten wir die Geschichte umschreiben oder die Bilder der Vergangenheit farbiger gestalten (also bitte doch nicht zu viel Schminkkram entsorgen!) Manchmal ist dazu die Hilfe eines Spezialisten nötig, weil der Spiegel, in den wir schauen, einfach nur ein Zerrspiegel ist.

Du kannst einmal ausprobieren, deine ganze Aufmerksamkeit auf die Einzigartigkeit eines Sonnenunterganges zu lenken oder ein leckeres Essen oder den Boden unter deinen Füßen. Um möglichst viel davon zu bewahren, greifen immer mehr Menschen zu Kamera oder Handy und betrachten ihre Welt durch einen Sucher. Das ist dann wie "digitales Eingemachtes". Die wärmende Sonne, den Duft der Speisen und das Knirschen des Schnees erlebst du, wenn du deinen Kopf frei machst von Nebensächlichkeiten. Auch in deinen Denkschubladen führt Multi-Tasking zu Unordnung.

Versuche doch mal, einen Ball zu fangen, wenn du in jeder Hand einen Eimer Wasser hältst! Die Pässe, die dir das Leben zuspielt, kannst du dann nicht mehr annehmen.

Fragen, die du dir stellen kannst:

- Was hältst du mit viel Energie fest und magst es nicht loslassen?
- Wofür würde dir Ordnung mehr Zeit schaffen in deinem Leben?

- Worauf könntest du genau jetzt deine ganze Aufmerksamkeit richten?

Projekttag acht

Nach meiner Hauruck-Aktion am Wochenende hat meine Motivation stark nachgelassen. Ich liebäugle mit einfachen Aufgaben, wie Spiele aussortieren oder VHS-Kassetten entsorgen. Nicht einmal dazu reicht meine Energie nach einem stressigen Arbeitstag aus. Der Abend vergeht, ohne dass ich auch nur die kleinste Ecke ausgeräumt hätte.

Typisch! Ich bekomme ständig Dinge versprochen, für die es zu kalt, zu laut, zu spät oder zu dunkel ist. Erwachsene brauchen mehr Mutation!

Damit mir das morgen auf keinen Fall nochmal passiert, öffne ich bereits vor dem Schlafengehen den Spieleschrank und stelle einen Stapel Spiele demonstrativ davor.

Projekttag neun

18.10 Uhr - Jacke aus, Schuhe aus und ran an den Stapel!

Monopoly ist ein Spieleklassiker, der auch in unserem Haushalt rege genutzt wurde. Das zeigt sich nicht nur am abgenutzten Karton. Fehlende Geldscheine und ein Rest von vier Ereigniskarten und drei Häusern machen das Spiel definitiv unbenutzbar. Weg damit! Außerdem gibt es Kartons auf denen "Kniffel" oder "Spielesammlung" steht, die aber komplett ohne Inhalt sind. Dieser findet sich auch beim

Sichten der anderen Spiele nicht wieder. Die anderen Spiele sind mir zum Teil völlig unbekannt. Ich kann mich auch nur noch vage daran erinnern, wann und warum wir sie geschenkt bekommen haben.

Sie stammen wohl aus der Phase meines Lebens, in der wir gern Gäste zum Essen eingeladen haben, und diese uns als Präsent ein Spiel mitgebracht haben. Aber, was bis heute keinen begeistert hat, wird es wohl auch jetzt nicht mehr tun.

Weg damit!

Als ich dann das Spiel "Therapie" in Händen halte, muss ich doch kurz grinsen. Wie viele Pärchen-Abende haben wohl in ganz Deutschland wegen dieses Spiels im Streit geendet? Spätestens, wenn der männliche Teil von Paar Drei die Frage "Mit wem würden Sie gern mehr Zeit verbringen?", wahrheitsgemäß - und nicht mit dem Namen seiner Partnerin - beantwortet hatte, war für den Rest des Abends Krieg angesagt. Für mich hat sich das Spiel trotz der Erinnerungen überlebt, es kann also in die "Verkaufe ich noch"-Kiste wandern.

18.30 Uhr - Auch wenn sich die 15 Spiele nur auf 12 reduziert haben, hat allein das Ansehen und neu Stapeln der Kartons die Lust auf einen Spieleabend geweckt. Beim Abendessen werde ich mit meinem Mann darüber reden, ob wir uns einen wöchentlichen Spieleabend reservieren. Spielemöglichkeiten haben wir ja offensichtlich genug. Bevor ich das Aufräumprojekt des Tages beende, suche ich mir das 15 Minuten-Projekt des Folgetages. Wegen der räumlichen Nähe sind das die Schubladen des Wohnzimmerschrankes. Ich bin selbst ein bisschen gespannt, was ich da morgen so finde...

Mein Lieblingsspiel heißt: "Ich sehe nix!" Wenn ich mein Zimmer aufräumen soll, mache ich die Augen zu und alles ist sauber.

Projekttag zehn

Während ich in der ersten Woche das Gefühl hatte, mein Mann belächelt meine Aktivitäten, fragt er mich heute tatsächlich, welchen Bereich ich mir jetzt vornehmen werde. Er fühlt sich von meinen Aktivitäten angesteckt und berichtet, dass er sich fest vorgenommen hat Garage, Fotos und Ordner baldmöglichst auszumisten.

Allein diese Tatsache motiviert mich für mein nächstes Projekt, die Schubladen und Fächer des Wohnzimmerschranks. Ich gehe mit Elan ans Werk, schließlich habe ich nun Vorbildcharakter!

Die erste Schublade ist mit Videos gefüllt.

Ja, wir haben noch einen Videorecorder. Aus nostalgischen Gründen konnte ich mich bisher einfach nicht von ihm verabschieden. Bei der Ansammlung an Kassetten fällt mir das deutlich leichter. Fünfzehn zum Teil noch verpackte Videos wandern in die Verkaufskiste. Übrig bleiben unser Reisevideo aus Kenia und meine beiden Lieblingsfilme "Frühstück bei Tiffany" und "Schokolade zum Frühstück".

Die zweite Überraschungs-Schublade ist komplett mit Bedienungsanleitungen für technische Geräte gefüllt. Unglaublich, dass es so viele sind. Interessant, dass nur die oberen von Geräten sind, die ich auch in unserem Haushalt wiederfinden kann. Tatsächlich nutzbar sind nur fünf Stück. Diese lege ich erst mal auf den Schreibtisch zur späteren Ablage. Der Rest wandert ohne Zögern in den Papiermüll bzw. Elektroschrott.

Die dritte Schublade beinhaltet weitere Spiele, die ich nach meiner Spiele-Aufräumaktion vom Vortag locker im ersten Schrank unterbringen kann. In der vierten Schublade befinden sich die unterschiedlichsten Tischdecken. Alle sind ausnahmslos entweder hässlich oder mit riesigen Flecken. Ich finde auch ein Modell, dass beide Attribute beinhaltet. Einen Teil entsorge ich, zwei Stück bekommt meine Tochter zum Gespenster spielen.

Das befreiende Ergebnis des Tages sind drei komplett leere Schubladen. Wie wundervoll, diesen Zustand gab es zum letzten Mal beim Einzug. Und ich verspüre auch nicht das geringste Interesse, die

Schubladen neu zu füllen! Ich glaube, das liegt daran, dass die leere Schublade genau zu meinem Bedürfnis nach mehr Leichtigkeit passt.

Projekttag elf

Das Projekt des Tages, meine Kommode, ist überschaubar. In drei Schubladen befinden sich, neben handgestrickten Schals von mir, meiner Tochter und meinem Mann auch fünf einzelne Handschuhe. Sogenannte Motivmützen und Kappen, die auf meinem Kopf bestenfalls witzig wirken, finde ich ebenfalls. Kennen Sie eine Frau, die attraktiv aussieht, wenn Minibommel an beiden Seiten ihres Kopfes abstehen, die an das verstümmelte Geweih eines Dammhirschs erinnert? Nachdem mir das klar wird, sind innerhalb von zehn Minuten drei Tüten gepackt und zwei Schubladen der Kommode leer.

Kurz überlege ich, was ich da nun rein räumen könnte, wiederstehe aber dem Impuls.

Freie Schubladen! Für neuen Murks?

Projekttag zwölf

Heute nutze ich meine Viertelstunde nicht zum Ausmisten, sondern um die bisher zum Verkauf zusammen getragenen Dinge verkaufsfertig zu machen. Ich werde mich bei einem Verkaufsregalanbieter einmieten und dort alles anbieten. Das Auszeichnen der Artikel macht Spaß und bringt mir einen echten Motivationsschub. Ich komme mir nicht nur um einige Dinge erleichtert vor, ich kann hoffentlich noch Einiges zu Geld machen. So vergehen letztendlich viermal 15 Minuten. Was am Wochenende aber kein Problem ist. Zwei Waschkörbe voll verkaufbarer Artikel geben mir ein gutes Gefühl.

Je weniger übrig bleibt, desto entlasteter fühle ich mich. Die freien Flächen um mich herum geben mir ein Gefühl von Freiheit. Damit das möglichst lange anhält, habe ich schon in den letzten Tagen darauf verzichtet, Pröbchen aus Zeitungen auszureißen oder in Apotheke oder Supermarkt angebotene Warenproben anzunehmen. Nach dem Motto "Alles, was ich nicht direkt verwenden kann, benötige ich auch nicht " kann ich solche Angebote problemlos ablehnen. So entsteht erst gar keine neue Unsinn-Sammlung.

Außerdem habe ich mir meine "Läger" vorgenommen. Kerzen waren bisher bei mir eher Deko-Objekte, kaum genutzte Artikel. Jetzt zünde ich mir bewusst abends eine Kerze an und finde es richtig schön, sie brennen zu sehen.

Projekttag dreizehn

Das Thema des Tages ist mir heute zugeflogen. Beim Besuch einer Gärtnerei sind mir erste Weihnachtsartikel begegnet. Mein Wunsch, Dekoartikel zu kaufen, wurde von dem Wunsch, zunächst Vorhandenes zu sichten, abgelöst.

Die Weihnachtskisten waren also das Ziel meiner heutigen Abendaktion. Das Sichten und Umräumen hat mir gezeigt, dass ich mit geringsten Ergänzungen ein festliches Ergebnis erzielen kann. Die Beschäftigung hat sich also doppelt gelohnt. Ich weiß wieder, was ich habe, und ich weiß, wie ich es perfekt ergänzen kann. Sehr schön!

Projekttag vierzehn

Mein befreites Gefühl wird von einigen Details in meiner Wohnung immer eindringlicher gestört. Im Flur steht eine Schlüsselschale, aus der auch einige Kundenkarten, Zettel, Haarspangen und Co. starren. In der Küche gibt es eine Pinnwand, deren Nutzen im Wust der Zettel nicht mehr klar ist. Gleiches gilt für die magnetische Seitenwand des Kühlschrankes. Außerdem nutze ich einen Küchenstuhl in gastlosen Zeiten als Ablage für Zeitungen, Spielsachen und Post. Alle vier Bereiche sollen meiner Aufräumlust heute zum Opfer fallen. Die Schlüsselschale ist in einer Minute geräumt. Nie genutzte Karten werden entsorgt, Zettel mit Rabattcoupons und Veranstaltungstipps sind längst abgelaufen. Der Rest kommt an seinen ursprünglichen Ort.

Pinnwand und Kühlschrankseite werden erst einmal komplett geleert. Alle abgelaufenen Terminsachen wandern auf einen Stapel, alle Postkarten und Bilder auf einen zweiten. Übrig bleiben lediglich 7 Zettel, die ich gut sichtbar auf Magnet- und Pinnwand verteile. Nach diesem System werden auch die losen Blätter und Zeitschriften des Esszimmerstuhls sortiert. Letztendlich fliegt der größte Stapel in den Müll. Ein kleiner Rest landet auf dem Schreibtisch.

Stuhl und Schlüsselschale sind nun wieder barrierefrei nutzbar. Und die Pinnwand erfüllt auch wieder ihren eigentlichen Sinn, dass ich Dinge wirklich im Blick behalte! Jetzt ist Feierabend und ich zünde mir eine Kerze an.

Aufräumen als spirituelle Erfahrung? Welches Karma ist vorteilhaft für eine Wegschmeiß-Aktion?

Erfahrung der zweiten Woche –

Die Woche der Stagnation

So positiv ich alle Aufräumaktionen der ersten Woche empfunden habe, so schwer fiel mir der Einstieg in die zweite Woche. Zum einen war ich extrem müde vom Arbeitstag, zum anderen habe ich ein bisschen das Gefühl, "ein Fass ohne Boden" geöffnet zu haben. Es kommt mir vor, als ob jeder Raum nur aus Baustellen besteht. Und je mehr ich erledige, umso mehr neue Bereiche tauchen auf.

Auch die Einteilung aller Räume in 15 Minuten Häppchen hat nicht nur Vorteile. Bei diesen kleinen Einheiten kann man zwar jeden Abend etwas erledigen, hat aber auch schnell das Gefühl, niemals fertig zu werden. Und eine neue Lebensaufgabe wollte ich mir mit dem Aufräumprojekt ja nicht schaffen! Das Ende scheint mir aber in dieser zweiten Woche extrem weit weg.

Zur Eigenmotivation mache ich mir eine Liste, mit allen Bereichen, die ich bereits geräumt habe (Spiegelschrank, Strümpfe, Schmuck, Unterwäsche, Kinderzimmer, Spiele) - hört sich gut an. Dann überlege ich mir, wie viele Mülltüten ich bereits rausgetragen habe (6) und wie viele Dinge ich zum Verkaufen oder Verschenken gestapelt habe (ein Waschkorb voll). Damit ich deutlicher vor Augen habe, was ich geleistet habe, nehme ich mir vor, diese Liste nun täglich zu ergänzen.

(Für euch habe ich im Anhang eine Motivationsliste ergänzt).

Tipp: Wer keine Liste führen will, kann sich einfach das Thema des Tages und die Menge der aussortierten Dinge in seinem Kalender eintragen.

Was mich wieder motiviert hat:

- ✓ Wenn ich ein Fach, eine Schublade o.ä. ausräume, mache ich sie nicht nur sauber, sondern lege auch schönes Papier aus.

- ✓ Außerdem nutze ich schöne Kartons als Sortierhilfe. Das lässt den ganzen Bereich in einem "neuen Licht" erstrahlen und ist nicht teuer.

- ✓ Als Motivation zum Ausmisten meiner Kleidung habe ich mir zwei Duftsäckchen für Schrank und Schublade gekauft. Denn auch Gerüche bringen ein Gefühl von "neu und frisch". So möchte ich mein positives Aufräumerlebnis verstärken.

WISSENSWERTES

Schon mal drüber nachgedacht?

Veränderungen erfordern weit mehr Energie als das Prinzip "Schuster, bleib bei deinen Leisten". Selbst, wenn wir mit großer Motivation und Tatkraft an neue Projekte herangehen, sind die Verlockungen der guten alten Zeit groß: Füße hochlegen, lecker Essen gehen, mit der Freundin telefonieren, das Buch zu Ende lesen. Es gibt viele gute Gründe, mit dem Aufräumen erst morgen anzufangen. Aus ökonomischer Sicht macht das durchaus Sinn, schließlich ist die Unordnung nicht akut lebensgefährlich. Obwohl es manchmal in der Tat so aussieht und gelegentlich wirklich Gefahr in Verzug ist. Fragen Sie Ihren Partner!

Motivation speist sich aus unterschiedlichen Quellen. Da geht es zum einen um die dahinterliegenden Motive: Was ist mir wichtig? Was hat einen zentralen Wert in meinem Leben? Motive sind die Antriebswelle, die uns in Bewegung bringen. Wer sich gerade intensiv mit dem Aufräumen beschäftigt, könnte als zentrales Motiv für sich Ordnung oder Kontrolle ausmachen. Auch Ästhetik kann zu einem Veränderungsmotor werden.

Das Vertrauen auf die eigene Wirksamkeit beeinflusst ebenfalls die Motivation.

Traue ich es mir zu, aus eigenen Kräften die Veränderung herbeizuführen? Immer wieder erlebe ich Menschen, die zwar entschlossen sind etwas zu verändern, aber den Glauben daran verloren haben, es mit eigenen Mitteln zu schaffen. Daraus kann der Anspruch resultieren: Möge die Welt sich ändern, damit es mir besser geht! Vielleicht haben auch Sie die Erfahrung gemacht, dass " die da draußen" nicht leichter zu motivieren sind als wir selbst.

Wie oft haben Sie Ihrem Partner schon gesagt, er solle bitte die Zahnpastatube zudrehen, die dreckigen Socken in den Wäschekorb packen oder den Schreibtisch aufräumen? Wer seiner Selbstwirksamkeit vertraut, der wird auch selbst wirksam. Erinnern Sie sich an Ihre letzten Erfolgserlebnisse. Das Badezimmer blitzt schon, der Schuhschrank könnte Ihr bestes Porzellan aufnehmen, der Spieleabend ist gerettet!

Attraktiver Nebeneffekt: Mit der Zeit steigt nicht nur die Effektivität Ihrer Aufräum-Aktion durch wachsende Routine. Auch Ihre Kreativität gewinnt deutlich hinzu

Ob selbst entworfene Sammelboxen, ein eigenes Ablagesystem oder verblüffende Verkaufstechniken, Sie werden neue oder verloren geglaubte Fähigkeiten entdecken!

Was noch ganz wichtig ist, sind herausfordernde statt überfordernde Aufgaben.

- Gehen Sie realistisch mit Ihren Zielen um.
- Machen Sie das Aufräumen eben nicht zur Lebensaufgabe, sondern zu einer 15-Minuten-Tagesration. Wenn Sie sich nur an dem Endergebnis "militärisch strukturierter Haushalt" orientieren, geht Ihnen schnell die Lust verloren. Und mal ganz ehrlich: Wäre das wirklich ein attraktives Ziel für Sie?
- Planen Sie in Schubladen, Körbchen oder einzelnen Ecken. Die Erfolge werden viel schneller sichtbar und tragen dazu bei, dass Sie Lust auf das nächste Projekt bekommen.
- Und Lust ist ansteckend! Wundern Sie sich also nicht, wenn Ihr Partner tatsächlich auch anfängt, in seinen alten Unterlagen zu misten. Allerdings sollten Sie ihm das selbst überlassen. Starten Sie Ihre Aufräum-Aktion nicht in der Briefsammlung Ihres Partners!

Fragen, die du dir stellen kannst:

- Welcher Lohn ist für mich attraktiv, um mein Ziel konsequent zu verfolgen?
- Auf welche Eigenschaft kann ich bauen, die mich unterstützt "am Ball zu bleiben"?
- Welches ist der nächste realistische Schritt in meiner Aufräum-Planung?

Projekttag fünfzehn

Nachdem ich gestern die unverzichtbaren Andenken der Pinnwand zum Schreibtisch getragen habe, war sofort klar, welches Thema heute ansteht.

Seit vielen Jahren verfolge ich das "Haufen-Prinzip" auf meinem Schreibtisch. Nach meiner Logik wirken gestapelte Papiere weniger bedrohlich als einzeln herumliegende Dinge. Und zwar solange, bis auch der akkuratest gestapelte Haufen eine bedrohliche Höhe erreicht und sich nach Vorbild des schiefen Turms von Pisa neigt. Dieser Zustand ist bei beiden Schreibtischstapeln erreicht.

18.20 Uhr - Ich nehme mir den ersten Stapel vor und schaue mir zunächst die voluminösesten Dinge, zwei Bücher, eine Fotomappe und acht Zeitschriften an. Die Bücher und das Album wandern an ihre Plätze. Zeitschriften werden nach dem "nur die Seite, die einen Knick hat, ist relevant"-Prinzip, entkernt. Übrig bleiben diverse Behördenschreiben, Gehaltsabrechnungen und Werbebriefe. Einiges kommt direkt in den Papiermüll, der Rest wird zur späteren Ablage in entsprechende Ordner gesammelt. Das gleiche passiert mit dem zweiten Stapel. Hier befinden sich auch Bastelanleitungen und Prospekte, die mir nach wie vor "unverzichtbar" scheinen. Alle kommen in eine kleine Kiste. Der Rest folgt dem gleichen Prinzip wie der erste Stapel. Alles andere wandert in die beiden dafür vorgesehenen Ordner. Aus Zeitschriften ausgetrennte Seiten checke ich am Computer oder verstaue sie in einer Mappe. Vielleicht lege ich mir auf Dauer auch einen elektronischen Ordner am PC an, dass wäre noch einfacher. Aber für heute ist jetzt erst mal Schluss.

19.00 Uhr - Mein Schreibtisch hat eine grüne Arbeitsplatte und man kann sie nun wieder sehen! Jetzt fühle ich mich an meinen Schreibtisch wieder wohl. Damit das auch so bleibt habe ich mir für die Zukunft vorgenommen:

- Erledigtes direkt wegzuwerfen oder abzulegen (aber nur, wenn ich es wirklich noch benötige)

- Mir ein zuverlässiges System aus Klarsichthüllen zum Sammeln von Rechnungen, Steuer- und Versicherungsunterlagen anzulegen. Diese werden in einer Schublade deponiert, (dann kann ich die entsprechenden Dokumente immer direkt am richtigen Platz verstauen und vor allen Dingen wiederfinden).

- Außerdem habe ich von der Dreierregel gelesen, die möchte ich jetzt mal eine Zeit lang für mich testen. Jedes Mal, wenn ich etwas in einen Ordner hefte, versuche ich dafür drei veraltete Dokumente zu entfernen, (mal sehen, ob das gelingt).

Haufenprinzip ? Das kenne ich, aber in einem anderen Zusammenhang. Findet meine Mama aber eklig.

Projekttag sechzehn

Am schwersten fällt mir das Ausmisten meines Kleiderschrankes, deswegen habe ich so lange einen Bogen um Blusen, Pullis, Hosen und Röcke gemacht. Teile, die ich nur wenig getragen habe, scheinen mir "zu schade" zum Wegwerfen. Teile die sehr häufig getragen wurden, sehen leider auch so aus. Trotzdem fällt es mir schwer, mich von ihnen zu trennen.

Bisher habe ich für jedes ungetragene Kleidungsstück eine kreative Daseinsberechtigung gefunden. Es gibt in meinem Schrank:

- Blusen, zu denen mir einfach die richtige Hose fehlt.

- Hosen, in die ich sicher bald wieder passe. (Darauf warte ich seit Jahren).

- Und Pullis, für die einfach noch nie das richtige Wetter war.

Mittlerweile habe ich so viele dieser Kleidungsstücke, dass meine eigentliche, gern getragene Garderobe dazwischen untergeht. Ich trage also immer das gleiche und habe das klassische Frauengefühl, nichts zum Anziehen im Schrank zu haben. Bei überfülltem Schrank.

Meine Lösung: Ich werde mich in den nächsten Tagen jeden Abend fragen: "Habe ich das in den letzten beiden Jahren ein einziges Mal benutzt?". Nur wenn das zweifellos bejaht werden kann, besteht die Chance, dass das Teil im Schrank bleibt. Dabei will ich`s aber nicht belassen, sondern mich auch fragen "Würde ich das Teil ersetzen, wenn es mir morgen verloren ging?"

Papa hat gesagt, wenn Mama morgen verloren ginge, würde er sie übermorgen ersetzen.

Ich bin selbst gespannt, wie weit ich mit diesem Prinzip komme.

Heute lege ich mit den Blusen meines Schranks los!

Das hab ich mindestens zwei Jahre nicht mehr gemacht. Ich räume zwar regelmäßig Sommer- und Winteroutfits um, aber raus fliegt dabei selten etwas. Denn die beiden Fragen, "wie lange habe ich das nicht mehr getragen" und "würde ich es ersetzen, wenn es weg wäre" stellte ich mir bisher nicht. Zu unbequem.

Stattdessen bin ich äußerst erfinderisch darin, Gründe zu finden, warum etwas gerade nicht weggeworfen werden kann (s.o.).

Bevor ich mich nun aber dieser Aufgabe stelle, sortiere ich Sommersachen wie meine Kurzarm-Blusen und Shirts aus, denn die finden in den nächsten Monaten keine Verwendung. Nun geht`s an die Oberteile. Von einer ausgewaschenen, schwarz-grauen Bluse und einer grauen, blöd geschnittenen Sweatshirtjacke kann ich mich problemlos trennen. Auch eine Jeansweste, die mir wohl in den späten Achtzigern mal gepasst hat, wird kurzerhand entsorgt. Drei weitere Oberteile wandern in die “für zu Hause”- und “zum Sport” -Ecke. Denn es sind Lieblingsteile, aber fürs Büro scheinen sie nicht mehr geeignet. Übrig sind nun noch ungefähr 60 Prozent der Kleidung. Die Übersicht steigere ich weiter, indem ich die Sachen nach Farben (schwarz, blau, grau, weiß) und Artikeln (Blusen, Pullis, Westen) sortiere. Der Anblick beflügelt mich so sehr, dass ich mir nochmal alles genau ansehe.

Annahmen wie, “das könnte man über oder unter etwas ziehen” setze ich direkt um. Ich suche mir jeweils passende Kombiartikel raus und hänge sie zur Bluse, bzw. zum Pullover auf den Bügel. Die neuen Kombinationen aus Langarmshirt und Kurzarmbluse, Kurzarmshirt und Langarmbluse gefallen mir sehr gut. Alles sieht nun so neu aus im Schrank!

Bevor ich mein Tagwerk als vollendet betrachte, entferne ich noch alle bereits genutzten Kleidungsstücke vom dafür vorgesehenen Haken.

Jetzt scheint es mir logisch: Entweder müssen die Sachen in die Wäsche, oder sie können wieder in den Schrank. Dazwischen gibt es eigentlich nichts!

Also dürfen an den Haken ab sofort nur noch Dinge hängen, die man nicht täglich wechselt, aber häufig braucht, wie meine kuschelige Strickjacke.

Da könnten wir noch was an den Haken hängen: Verbote, schlechte Laune, die werden häufig gebraucht!

Projekttag siebzehn

18.05 Uhr- Jetzt sind meine Hosen fällig! Nachdem zunächst dünne und kurze Sommerhosen in die Sommerkiste wandern, sind nun die Hosen im Visier, die ewig nicht getragen wurden. Zwei Jeanshosen mit Löchern an Stellen, an denen sie garantiert nie modern, aber garantiert immer peinlich sein werden, fliegen raus. Zwei weitere sind seit vielen Jahren zu klein und werden es wohl auch immer bleiben. Eine froschgrüne Hose, die ich seit Jahren mit der Begründung "könnte für Fasching witzig sein" aufhebe, wandert nun in die Verkaufskiste. Als Ergebnis bleiben fünf Jeanshosen und eine schwarze Stoffhose übrig. Toll, dieser Überblick. So toll, dass ich mir direkt noch die gegenüber aufgehängten Kleider ansehe. Sommer- und Strandvarianten kommen direkt weg. Der Rest wird entstaubt und sieht nun ansprechend aus.

Ich bin so euphorisch, dass ich mich direkt noch an die große Schublade mit Jogging - und Homewear mache. Sommer- und Wintersachen werden auch hier erst mal sauber getrennt. Die Joggingkleidung zu einem mahnenden Stapel gepackt, und bewusst ganz vorn platziert. Alle anderen Oberteile und Hosen kombiniere ich direkt so, wie ich sie gern tragen möchte.

18.40 Uhr - Die ganze Aktion hat zwar letztendlich mehr als eine halbe Stunde Zeit gekostet, sich aber wirklich gelohnt.

Was ist denn der Unterschied zwischen Walking- und Laufsocken? Läuft man in Walkingsocken langsamer?

Projekttag achtzehn

Von nichts kann ich mich so schwer verabschieden, wie von Anziehsachen. Sie haben kein Verfallsdatum, dass es mir erleichtern könnte, und meine Stücke sind auch nicht so modisch, dass sich das Tragen im Laufe der Zeit von selbst verbietet. Im Nachhinein ist mir der Part aber so leicht gefallen, dass ich das Gefühl habe, "da geht noch was", "da muss ich in Kürze nochmal ran".

Heute nehme ich mir aber ein ganz anderes Objekt vor, mein Auto. Fünfzehn Minuten werden sicher reichen, um es "zu entmüllen", wie mein Mann so schön formuliert.

19.10 Uhr - Tatsächlich finden sich diverse Einkaufsbons, Retourenscheine, Papierchen von gegessenen Süßwaren, eine leere Brötchentüte sowie das Veranstaltungsprogramm der VHS aus dem vergangenen Jahr. Unter der Rückbank fristen außerdem zwei Knirpse und ein paar Sommerschuhe ihr trostloses Dasein. Im Kofferraum sind diverse Plastiktüten und zwei Tragetaschen zum Knäuel gebündelt.

19.22 Uhr - Der Müll ist entsorgt, die Taschen zu einem glatt gestrichenen Stapel gebündelt und ein Knirps im Seitenfach der Fahrertür verstaut. Jetzt fallen mir auf einmal so viele Krümel und Schnipsel ins Auge, dass ich beherzt zum Staubsauger greife und fünf Minuten später einen verwunderten Gatten und ein sauberes Auto vor mir sehe.

Ein krümelfreies Auto - perfekte Basis für einen Ausflug mit heimlichem Essen auf der Rückbank!

Projekttag neunzehn

Ein neuer Tag, ein neuer Raum! Unser Hauswirtschaftsraum beheimatet Waschmaschine und Trockner, Spüle mit Ablagefläche und einen Stauraum von etwa vier Meter langen und 2,20 Meter hohen Regalen. In einem Tag kann das hier gestapelte wohl nicht geräumt werden. Aber ich werde heute beginnen!

18.30 Uhr - Ich beginne mit der Ablagefläche, die ihrem Namen alle Ehre macht. Zwei Kisten mit Mal-Utensilien, diverse Waschmittel und Fleckenentferner, die zu säubernden Gummistiefel meiner Tochter und drei erhaltene, aber ungeliebte Geschenke bilden hier ein merkwürdiges Stillleben. Die beiden Kisten mit Mal-Utensilien sortiere ich aus. Vertrocknete Farben und Pinsel fliegen weg. Zeichnungen, die mir nicht gefallen und verknickte Blätter und verschmutzte Mini-

Leinwände folgen. Einzelstifte landen in einem Marmeladenglas. Zeichenkasten und Malkasten werden mit Malblocks Platz sparend übereinander gestapelt. So lässt sich aus zwei Kisten eine machen. Die übrig gebliebene Kiste verstaube ich sicherheitshalber erst mal unter der gefüllten.

18.50 Uhr - Das reicht erst mal für heute. Für morgen räume ich mir den Rest der Ablagefläche deutlich ins Blickfeld. Sicherheitshalber.

Projekttag zwanzig

18.40 Uhr - Wasch- und Fleckenmittel werden zusammen in einer Ecke der Ablage drapiert, die Gummistiefel abgewaschen und unters Regal zu den der anderen Familienmitglieder gestellt. Die ungeliebten Geschenke werden ausgepackt und in die Verkaufskiste gesteckt.

18.55 Uhr - So einfach kann Ordnung sein.

Ungeliebte Geschenke ? Die waren doch alle von mir!

Projekttag einundzwanzig

Heute geht es an die Regale, zumindest an einen Teil davon. Die Vorräte scheinen mir hier die kleinste Hürde. Ich hole mir eine große Mülltüte und sortiere fix alles Abgelaufene aus. Das, was übrig bleibt, sortiere ich in Back- und Kochzutaten. Backpulver, Nüsse und Co. stecke ich gesammelt in einen Schuhkarton, das erleichtert die Übersicht und wirkt soooo ordentlich.

Weitere Vorräte wie Marmeladengläser, Kaffeekapseln und Müsli stelle ich akkurat in drei Reihen untereinander. Sehr schön. Dass dieser Bereich nur etwa 1,5 Meter der 4 Meter langen Fläche einnimmt, ignoriere ich erst mal bis morgen und beende stolz mein Tagwerk durch Müllentsorgung in der grauen Tonne.

Erfahrungen der dritten Woche –

Die Woche des Bewusstseins

Von vielem kann ich mich viel besser trennen, als ich vorher vermutet habe. Im Laufe der Woche habe ich bei mir folgende Denkblockaden vergangener Aufräumversuche entlarvt und versucht, sie diesmal zu vermeiden.

1. Es gibt keine "Zwischenhäufchen". Entweder ein Artikel kann weg oder er kann benutzt werden. Dazwischen gibt es nichts.

2. Einen Artikel vom einen Regal ins andere zu räumen, um ihn dann doch wegzuwerfen, bindet nur unnötig Zeit und frustriert mich selbst am meisten.

WISSENSWERTES

Schon mal drüber nachgedacht?

Menschen ordnen ihr Leben vor allen Dingen durch Überzeugungen, Vorannahmen und eine Vielzahl an Glaubenssätzen:

Männer sind kompliziert. Frauen können nicht einparken. Das kann gar nicht funktionieren. Politiker sind viel zu hoch bezahlt. Ich bin immer zu nachgiebig usw.

Die Liste ließe sich endlos fortsetzen.

Wir packen hier schön ordentlich Schubladen, aus denen wir uns je nach Situation kräftig bedienen. In ihnen finden wir uns zurecht, alles hat seinen rechten Platz und ist für den Bedarfsfall schön ordentlich vorbereitet. Mit dieser Strategie folgen wir dem Bedürfnis, uns die Welt zu erklären, sie ein Stück übersichtlicher und beherrschbarer zu machen. Dass es Ausnahmen von den Schubladen gibt, nehmen wir gelegentlich zwar wahr, aber "eigentlich" ist es doch so, wie wir es bisher erlebt haben.

Diese Schubladen finden Sie auch in Ihrer Wohnung. Gerade bei den Klamotten könnten Sie an zahlreiche Schubladen einen Glaubenssatz schreiben:

- Da wachse ich nochmal rein

- Kann ich zukünftig prima mit was Neuem kombinieren

- Von Lieblingsstücken trennt man sich nicht

- Alte Kleider halten meine Erinnerung lebendig

Diese Überzeugungen führen letztendlich dazu, dass alles schön bleibt wie es ist. Das Herausfordernde an Glaubenssätzen ist, dass sie sich so hartnäckig halten und alles andere als leicht zu korrigieren sind. Das Wackeln an diesen Überzeugungen scheint manchmal eine ganze Welt aus den Angeln zu heben.

Nun haben Sie durch Ihre Aufräumaktion aber schon die Erfahrung gemacht, dass volle Schubladen nicht unbedingt ein erfüllteres Leben garantieren. Sie haben sich sogar schon an vielen Stellen deutlich erleichtert und festgestellt, dass es zwischen Ansammeln und Zufriedenheit keinen automatischen Zusammenhang gibt.

Schubladendenken schafft eben nicht nur Ordnung, sondern es packt auch weg und bringt Dinge aus dem Bewusstsein. Bitte nehmen Sie den Begriff der Schublade nicht allzu wörtlich. Es könnte sich auch um Regale oder eine Kleiderstange handeln. Wesentlich ist, dass Sie den Dingen eine besondere Bedeutung geben, die mindestens gleichberechtigt neben ihrer eigentlichen Funktion steht. Oft übersteigt diese Bedeutungsgebung sogar den praktischen Nutzen oder den tatsächlichen Wert.

Bringen Sie sich ins Bewusstsein, mit welcher Absicht Sie sich ein Kleidungsstück zugelegt haben. Spontankäufe bedienen oft eine situative Stimmung:

- Frustkäufe (z.B. das x-te Paar Schuhe nach dem Streit mit Ihrem Partner)
- sich belohnen (z.B. eine hochwertige Körperlotion als Streicheleinheit für viel Putzerei zu Hause)
- ein netter Verkäufer oder ein Gutschein, der eben endlich weg musste.

Sie decken damit zwar keine funktionelle Bedarfslücke, aber schließen immerhin ein emotionales Leck. Am Kapitalmarkt könnte man von einer "Flucht in Sachwerte" sprechen. Indem Sie Ihrer Stimmung durch Gegenstände Ausdruck verleihen, wird sie ein Stück weit handhabbar. Allerdings oft nur für kurze Zeit. Vielleicht haben Sie selbst schon die

Erfahrung gemacht, dass solche Glücksbringer kürzere Haltbarkeitszeiten haben als ein Joghurt.

TIPP: Sie könnten sich angewöhnen, bei jedem Kauf einen Zettel an Ihre Garderobe zu heften mit dem tatsächlichen Kaufgrund. Wenn Sie ehrlich zu sich selber sind, werden Sie zu der überraschenden Feststellung kommen: Der weitaus größte Teil der Neuzugänge hat mit einem Mangel an Ausstattung nichts zu tun. Sie hängen vielmehr Ihre Gefühle aufgebügelt an die Kleiderstange. Und dass Klamotten einen sehr engen Bezug zu unseren Gefühlen haben, kennen Sie aus Sprüchen wie "Reinfahren und wohlfühlen" oder "Ich könnte aus der Hose springen"

Fragen, die Du Dir stellen kannst:

- Welcher Kaufgrund dominiert meinen Kleiderschrank?

- In welcher Stimmung neige ich besonders zu Anschaffungen?

- Auf welche Schublade kann ich am leichtesten verzichten?

Projekttag zweiundzwanzig

Gestern habe ich mit der Regalwand im Hauswirtschaftsraum begonnen und zwinge mich selbst, das nun zu Ende zu bringen. Das Regal ist als solches kaum noch wahrzunehmen, so voll gestopft ist der rechte Teil.

19.03 Uhr - Unter dem Motto "Jetzt oder nie" trete ich dem Teil mit Reinigungsmitteln, Kosmetik- und Getränkelager mutig wie Obelix den Galliern entgegen.

19.13 Uhr - Das war ja einfach, verkrustete Flaschen mussten einfach nur entsorgt werden, die Reinigungsmittel und Putzlappen von ihrer Umverpackung befreit werden. Das meiste war einfach nur ordentlich aufzureihen und in zwei transparenten Boxen unterzubringen. Das Leergut in einer großen Tasche ins Auto zu verfrachten, FERTIG!

Projekttag dreiundzwanzig

Mir war schon gestern bewusst, dass der chaotischste Regalteil mir noch bevorstand.

19.00 Uhr - Hier hilft nur ein radikaler Schritt. Also ziehe ich mit energischer Vorsicht an dem Artikel, der am weitesten aus dem Regal ragt. Diverse Bastelpappen, Schnittbogen und Malbögen kommen mit. Den Rest räume ich ohne weiteres Nachdenken ebenfalls auf die Erde und sortiere alles aus. „Aus" heißt: Verknicktes und minikleines Bastelrestmaterial in den Müll, brauchbares nach Verwendungszweck in transparente Kisten. Diese werden mit Edding beschriftet und kommen nun fein säuberlich zurück ins Regal. Mit dem darunter liegenden Regal verfahre ich ähnlich. Tischsets, Tischdecken, Kerzen und Dekomaterial landen auf dem Boden. Alles, was in den letzten zwei Jahren mindestens einmal genutzt wurde" oder ich in den nächsten zwei Wochen nutzen möchte, wandert zurück ins Regal, der Rest fliegt gnadenlos weg!

19.35 Uhr - Geschafft! Im doppelten Sinn.

Projekttag vierundzwanzig

Mein vier Wochen Projekt geht langsam in den Endspurt, übrig ist nun nur noch die Küche. (Wie gut das wir keinen Speicher und keinen Keller haben).

In der Küche starte ich mit dem Kühlschrank. Der einfachste Teil, hier wird emotionslos nach Verfallsdatum gehandelt, einfacher geht es nicht. Da nur ein Teil raus muss, (die Zucchini ist beängstigend wabbelig) nutze ich die verbleibende Zeit, um alle Böden auszuwischen. Nun sortiere ich die Lebensmittel wieder übersichtlich. Eier ins Eierfach statt im Karton in eines der Fächer. Joghurt zu Joghurt, Butterpäckchen auf Butterpäckchen, Käse in die passende Frischhaltedose, Frischnudeln und Heringe darunter. Salat und Möhren ins Gemüsefach. Tür zu!

Blöderweise ist auch auf dem Kühlschrank Chaos. Diverse Teepäckchen sind unübersichtlich gestapelt und wild verteilt. Das ändere ich fix. Alles Tees kommen in eine kleine Holzkiste.

20.00 Uhr - Fertig.

Projekttag fünfundzwanzig

Heute habe ich gar keine Lust, darum nehme ich mir die harmlose Besteckschublade und die Töpfe vor. Außer einmal neu stapeln und durchwischen sollte hier nichts anfallen.

18.00 Uhr - Außer vier nie genutzten Kochlöffeln, acht paar Ess-Stäbchen und Kleinkinderbesteck gibt es eigentlich nichts, was weg müsste. In der Topfschublade würde sich eine Deckelhalterung gut machen, denke ich, und bin auch hier nach drei Minuten fertig.

“Na gut”, grüble ich und nehme mir die untere Schublade, gefüllt mit Lebensmitteln, vor. Die Stärke ist abgelaufen, den Grießbrei und das Porridge isst garantiert keiner mehr und die Müslisorten, die noch nie geschmeckt haben, werden wohl auch niemandem mehr schmecken. Alle Nudeln wandern in die vor langer Zeit extra dafür angeschafften Gläser. Tageswerk vollbracht, Mülleimer voll.

Projekttag sechsundzwanzig

Und ich dachte immer ich hätte eine kleine Küche! Heute sind das Porzellan und die Plastikbehälter fällig. Alle von der Spülmaschine hässlich gewordenen Gläser werden ebenso aussortiert wie ungeliebtes Plastikgeschirr und einzelne Tassen. Schließlich nutze ich immer die gleichen Modelle und habe zusätzlich ein weißes Service.

Auch die vielen Plastikbehälter fliegen nach dem Prinzip "habe ich ja noch nie gesehen/will ich auch nie mehr sehen" gnadenlos raus.

Bleibt also nur noch die Backzutatenschublade und die Schublade mit der Sammlung an Frühstücksboxen. Beide müssen einfach nur mal wieder sortiert werden. Das geht schnell und meine Motivation reicht locker, um die lästige Riesenschublade unter der Spüle noch vom Chaos zu befreien. Römertopf und Frischhaltebeutel, Klipse und Feuerzeuge, Stifte und Zettelbox werden aufgerollt, übereinander gestapelt bzw. in einer kleinen Kiste verstaut. Fertig ist die Küche.

Das Geschirr steht zum Glück in einem großen Glasschrank. Hier herrscht Transparenz und dadurch automatisch Ordnung.

Meine Erkenntnis der Küchenaufräumaktion ist, dass ich kein einziges neues Küchenutensil benötige. Im Gegenteil, ich habe das Gefühl, ich hätte noch radikaler ausmisten können.

Wenn Sie Ihre Hemden und Schuhe ins Gefrierfach legen, werden sogar alle Bakterien abgetötet!

Projekttag siebenundzwanzig

Eigentlich habe ich mir nun jeden Raum vorgenommen. Bleiben also nur noch ein paar kleine Baustellen, wie meine Handtaschen, mein Portemonnaie, mein Einkaufskorb und meine Arbeitstasche. Diesen widme ich mich jetzt.

18.30 Uhr - Zuerst ist meine Handtasche fällig. Neben Einkaufsbons finde ich ein Kinoprogramm, ein Täschchen mit Tabletten, Lippenstift, Kamm und Haarspray, Sonnenbrille, Baumwolltasche für Einkäufe, drei Päckchen Papiertaschentücher, Handcreme, Knirps, Malblock, Stifte, Gutschein von Douglas, 5 Haargummis, 3 Halsbonbons, 2 kleine Päckchen Gummibärchen, ein Notizbuch. Nachdem die Tasche ausgeräumt ist, stülpe ich sie um und schüttle sie sicherheitshalber noch mal. Ein Haarklämmerchen kommt hinterher. Nun suche ich nach einem doppelten Boden, keiner zu finden. Etwa die Hälfte meines Fundes landet im Müll oder dort, wo es eigentlich hingehört. Der Rest wird wieder in meiner Tasche verstaut. Die fühlt sich nun viel leichter an! Komisch?!

Jetzt ist auch noch mein Portemonnaie dran. Hier kommt mir die Buchhaltung des letzten Halbjahres entgegen, getoppt von acht (!) Kundenkarten, die ich so gut wie nie benutzt habe.

Außer Kredit- und Kranken- sowie Stempelkarte fliegt alles raus. Jetzt sieht mein Portemonnaie wieder wie ein Portemonnaie aus. Nicht mehr wie ein kleiner Koffer. Schöner Zustand.

Bargeld zu mir!

Projekttag achtundzwanzig

Der letzte Tag meines vier Wochen Projekts bricht an und ich bin fast ein bisschen wehmütig. Im Nachhinein ging die Zeit richtig schnell rum. Heute sind noch Einkaufskorb und Arbeitstasche dran.

Leichte Beute, denke ich, und lege, kaum dass ich die Jacke ausgezogen habe, los.

Alle Artikel des Einkaufskorbs (alte Tüten und Zettel, Etiketten von Eingekauftem und alte Einkaufslisten sowie zwei Rezepte) kommen direkt in die Tonne. Aus der Arbeitstasche fische ich Cremes, Tampons, Haarspray, Einkaufstasche, Kaugummi, Haargummi, Zettel über Zettel, drei Abrechnungen und das Buch eines Kollegen sowie vier Päckchen Taschentücher. Nachdem ich alles an seinen tatsächlichen Platz geräumt habe, ist die Tasche leer und ich froh.

So froh, dass ich mir überlege, was ich nun noch räumen könnte? Vielleicht nicht direkt räumen, aber zumindest ziehe ich ein weiteres Projekt in Erwägung. Ich könnte wöchentlich einen Aufräumtag nach Farben planen. Z.B. “den Tag der roten Sachen” (ich suche 10 Minuten alle roten Dinge, die aus meinem Haushalt weg können zusammen und entferne sie konsequent). In der Woche danach mache ich das mit blauen, grünen, hölzernen, und ähnlichen Dingen...?

Alternativ könnte ich jeden Bereich einmal unter dem Maßstab “Wie viel benötige ich wirklich, wenn ich davon ausgehe, mein Leben ist ein 14 tägiger Urlaub” betrachten.

Mein Projekt: Jede Woche ein Zimmer in Unordnung bringen!

Erfahrungen der vierten Woche –

Die Woche der Freiheit

Speziell zum Ende des Projektes habe ich immer mehr das Gefühl, dass jeder Projekttag mein Leben im doppelten Sinn entlastet. Es verschwinden nicht nur ungenutzte Dinge. Die übrig gebliebenen werden auch sichtbarer und attraktiver.

Einiges lässt sich sogar noch zu Geld machen. Für anderes finden sich sicher neue, dankbare Besitzer.

Ich kann mir gut vorstellen, so eine Aktion in einem Jahr zu wiederholen.

Weitere, etwas spielerische Varianten sind für mich gut denkbar.

WISSENSWERTES

Schon mal drüber nachgedacht?

Ziele bleiben für uns attraktiv, wenn sie herausfordernd sind. Wenn wir mit kleinster Anstrengung unser Ziel erreichen könnten, dann ist der "Ich bin stolz auf mich" Effekt deutlich geringer. Und zu große Projekte stellen uns vor schier unlösbare Aufgaben. Daher ist es zu Beginn Ihrer Aufräum-Initiative vorteilhaft, die Wohnung in einzelne Projekt-Bereiche einzuteilen. Wenn Sie mit dem Ziel starten: "Die komplette Wohnung muss blitze-blank werden" dann geht Ihnen womöglich schon mit der ersten Putzmaßnahme die Lust verloren. Überschaubare, machbare Dosierungen tragen dazu bei, dass Sie wirksam und Ihre Erfolge sichtbar werden!

Wenn gute Vorsätze verloren gehen, liegt das nicht immer an der Faulheit der Menschen. In ganz vielen Fällen war das Ziel einfach nicht attraktiv genug. Möchten Sie weniger Unordnung in Ihren Schränken und Kisten, oder möchten Sie attraktiven Wohnraum, Platz zum Durchatmen und freie Sicht aus dem Fenster?

Sie merken schon, auch die Wortwahl macht den Unterschied!

Wenn Sie sich an Ihre nächste Projektwoche heranmachen, dann malen Sie sich das Ergebnis in den schönsten Bildern aus.

- Sie haben wieder einen durchgängigen Blick in den Garten,
- Ihre Schlüssel hängen griffbereit im Kasten,
- Ihr Relax-Sessel hat wieder Platz für Sie,

- das frische Obst und Gemüse lacht Sie an!

Attraktive Zielbilder haben eine große Anziehungskraft. Sie können teilweise dramatisch wirkende Problembilder entmachten. Ganz gut kann das mit einem kleinen Trick gelingen: Nutzen Sie Wohnwelt-Kataloge oder schöne Ausstellungen um ein konkretes Bild von Ihrer Wohnumgebung zu entwerfen. Dadurch entwickeln Sie eine klare Vorstellung, wie es bei Ihnen aussehen könnte. Ob das Ergebnis dann tatsächlich dem Katalog entspricht oder etwas ganz anderes dabei herauskommt, ist völlig zweitrangig. Ein herausforderndes Bild vor Augen kann ungeahnte Kräfte entfachen. Probieren Sie's !

Ziele sind in vielen Fällen nur Mittel zum Zweck. Sie können sich zum Beispiel das Ziel setzen, 15 Kilo abzunehmen. Was aber wäre Ihr Motiv dies zu tun? Geht es Ihnen tatsächlich um die Kilos? Oder möchten Sie sich lebendiger, beweglicher, gesünder oder selbstbewusster fühlen?

Was heißt das für Ihr Aufräum-Projekt? Was möchten Sie hier durch das Loswerden, Ausmisten und Putzen erreichen? Sie möchten mehr Wohlfühl-Atmosphäre? Sie brauchen mehr Raum zum Durchatmen? Sie möchten wiederentdecken, dass Sie Projekte zu Ende führen können? Das Groß-Reine-Machen hat im mehrfachen Sinne eine ausstrahlende Wirkung auf andere Lebensbereiche:

- Dinge über Bord werfen,
- Ballast abladen,
- mit sich selbst ins Reine kommen,
- sein Leben entrümpeln.

Vielleicht fallen Ihnen dazu noch andere Bilder ein. Sie alle haben eines gemeinsam. Sie streben nach Überblick, Klarheit, Erleichterung und Ordnung. Was braucht nach dem Aufräumen Ihre ganz besondere Aufmerksamkeit?

Bei vielen meiner Klienten habe ich beobachten können, dass der Aufräum-Aktion weitere Initiativen folgten, um “Klar-Schiff” zu machen:

- Die Facebook-Kontakte entrümpeln,
- die Computer-Festplatte ausmüllen,
- einen Sportplan erstellen,
- den Einkaufzettel überarbeiten,
- den Garten umgestalten usw.

Um langfristig diese Dynamik zu sichern, lohnt es sich, die Erfolge immer wieder in Erinnerung zu rufen: Das kann ein schönes Bild von der aufgeräumten Wohnung sein, ein Schnappschuss vom gelungenen Abendessen mit allen Gästen am Tisch oder die Urkunde über die sportliche Leistung. Alles kann uns daran erinnern, wie wirksam wir bereits waren und wie sehr es sich gelohnt hat am Ball zu bleiben. Aufräumen ist und bleibt eben eine Lebensaufgabe!

Fragen, die du dir stellen kannst:

- Welches Ziel-Bild meiner Wohnung habe ich vor Augen?

- Was soll sich ändern, wenn ich mein Ziel erreicht habe?

- Was sollte ich “aufräumen”, wenn ich mit der Wohnung durch bin?

Anhang

TIPPS FÜR DEN AUFGERÄUMTEN ALLTAG - spielerische Lösungen

- Dauerhaftes Aufräumspiel mit Kindern:

Schreiben Sie alle permanent anfallenden Aufgaben wie Spülmaschine ausräumen, kehren, Zimmer aufräumen, Auto ausräumen, Schuhe putzen usw. auf kleine Zettelchen. Stecken sie diese mit ein paar schönen Dingen, wie 10 Minuten länger Fernsehen, Geschichte vorlesen usw. in einen Schuhkarton. Jeder zieht wöchentlich 5 Zettel, die er zu erledigen hat.

Eins rein, zwei raus: Wenn Du etwas Neues kaufst, werden dafür zwei Dinge weggeworfen oder verschenkt.

- Stoppspiel für den Alltag:

Im Prinzip fallen täglich die gleichen Dinge an: Glas und Zeitungen, Decke und Schuhe wegräumen, evtl. noch weitere Kleidungsstücke, Waschmaschine und Spülmaschine ausräumen. Badezimmer und Schlafzimmer in einen anschaulichen Zustand versetzen. Um sich dazu zu motivieren, können sie gegen die Uhr arbeiten. Das heißt, sie versuchen sich täglich zu unterbieten. Indem sie per Stoppuhr die benötigte Zeit ermitteln und diese täglich unterbieten. Dann sind sie schneller fertig und deutlich motivierter.

- Das Paarspiel:

Sie beginnen beide gleichzeitig, jeder in einem anderen Raum. Irgendwann treffen sie sich und sind fertig! Und gemeinsam froh.

Mein Motto ! Ich nehme viele Dinge einmal in die Hand, bevor ich wieder die Lust verliere!

- Anregung für Pubertierende/ IDEE FÜR JUGENDLICHE:

Der "Wohnprinz" gibt Teenagern Haushaltstipps aus Omas Nähkästchen. Sein Youtube-Beitrag "Räum` endlich auf!" ist so hip, dass er garantiert mehr Wirkung beim Nachwuchs und dessen Zimmer zeigt, wie Ihr Schimpfen und Flehen.

Noch ein paar einfache Tricks gegen das dauerhafte Chaos:

- Im Bad Zahnpasta, Deo, Rasierschaum, etc. gleich nach Gebrauch wegräumen.

- Dreckiges Geschirr gehört direkt in die Spülmaschine.

- Alle Kleidungsstücke, die nicht angezogen werden, in den Schrank hängen.

- Beim Verlassen der Wohnung niemals mit leeren Händen gehen, (Müll und Leergut mitnehmen).

- Generell nie mit leeren Händen gehen! Nutzen Sie jeden Weg, um etwas an den richtigen Platz zu bringen. Bevor Sie aus einem Raum gehen, kurz umsehen und überlegen, was Sie in den nächsten Raum mitnehmen.

- Für mich das größte und einfachste Ordnungsgeheimnis: Alles hat seinen Platz und kehrt nach Benutzung direkt wieder an diesen Platz zurück! Das ist reine Gewohnheitssache.

- Reservieren Sie fixe Zeiten für Aufräumaktionen. Z.B. die zehn Minuten am Morgen, bevor sie die Wohnung verlassen.

- Ein aufgeräumter Fußboden bringt Ordnung in jeden Raum, sogar wenn sonst Chaos herrscht.

GOLDENE REGEL:

ALLES HAT SEINEN PLATZ - UND DA WILL ES NACH GEBRAUCH SOFORT WIEDER HIN!

Aufräumplan in 15 Minuten - Häppchen

Tipp: Nimm dir feste Themen (z.B. alle Blusen, Hosen, Taschen) oder abgeschlossene Bereiche wie Schubladen oder Spiegelschrank vor. Teile Räume in einzelne Zonen ein, die dir für 15 Minuten realistisch erscheinen. Also nicht den ganzen Kleiderschrank, sondern nur die Röcke, oder nur die Sockenschublade. Da man meist ja weiß, welche Bereiche einem besonders leicht fallen, (bei mir Zeitungen, Spiele, Lebensmittel) und welche besonders schwer (Kleidung) sollten sich diese Bereiche immer abwechseln. Das ist motivierender. Bei Dingen, die sich im ganzen Haus finden, macht auch ein Mottoabend wie "heute sortiere ich alle Zeitungen im ganzen Haus aus" Sinn.

15 Minuten	für

Motivationskalender:

Tag	Anzahl aussortierter Artikel	Anzahl wieder-gefundener Dinge	Eigene Stimmung

Nachwort

Ich hoffe, Sie finden einige Anregungen und starten ebenfalls begeistert durch.

Wir sind uns sicher, am meisten werden Sie von sich selbst verblüfft sein!

Dürfen wir wissen, wie es Ihnen ergangen ist?

Schreiben Sie uns unter nicor.start@gmail.com

Horst Lempart, Life-Coach, arbeitet in seiner eigenen Praxis in Koblenz. Er bezeichnet sich selbst als Welt-Modellierer und Persönlichkeitsstörer. Die Figur Murksi mit Leben zu füllen hat ihm besonders viel Spaß gemacht und ist ihm sichtlich leicht gefallen. Warum ? Besuchen Sie ihn doch einfach auf seiner Homepage unter www.spectrumcoaching.de

Nicole Steffens ist Teilzeit-Autorin. Nach dem Kinderbuch „Lilli Lustig und das Abenteuer Schule" ist dies ihr erster Ratgeber. Im Selbstversuch hat sie einiges über sich selbst erfahren. Neben einem aufgeräumten Zuhause hat das Buch sie zu einigen Veränderungen im Alltag bewegt.

Vielleicht geht es Ihnen ja ähnlich?

4849028R00037

Printed in Germany
by Amazon Distribution
GmbH, Leipzig